Parlo Musica Ramones

Prefazione di Glenn O'Brien

Testi e fotografie di George DuBose

Direzione artistica e grafica di George DuBose

Stampato da Wonderland Publishing
©2014 George-DuBose.com

Diritti d'autore ©2014 George DuBose
Diritti d'autore prefazione ©2014 Glenn O'Brian
Traduzione italiana di Matteo Torcinovich & James Sunderland
Tutti I diritti riservati. Nessuna parte di questo libro può essere riprodotta o trasmessa con alcun mezzo
elettronico o meccanico, incluso fotocopie, registrazioni, e sistemi di archiviazione,
senza il permesso dell'autore.

"Parlo Musica – Ramones" (primo edizione)
ISBN 978-0-9889-2347-8

Stampato in USA
Library of congress cataloging-in-publication data

Per ulteriori informazioni contattare:
boss@george-dubose.com

Tutte le immagini di questo libro sono disponibili come stampe
artistiche numerate e firmate dall'autore.

Altri libri della serie "I Speak Music"
"I Speak Music - Ramones" (English Edition
ISBN 978-9889-2340-9
Eu Falo "Musica - Ramones" (Portuguese Edition)
ISBN 978-9889-2345-4
"'Hablo Musica - Ramones" (Españoles Edición)
ISBN 978-0-9889-2341-6
"I Speak Music - Hip Hop - Old School Volume One" (Second Edition)
ISBN 978-0-9889-2342-3
"I Speak Music - Hip Hop - Old School Volume Two" (First Edition)
ISBN 978-0-9889-2343-0
"I Speak Music - Hip Hop - Volume Three" (First Edition)
ISBN 978-0-9889-2344-3
The Big Book of Hip-Hop Photography" (First Edition)
ISBN 978-0-9889-2346-1

Prefazione

Il Tennesse è interessante per i suoi hillbillies e per il loro folclore campagnolo, il South Dakota è interessante per gli indiani Oglala Sioux, New York è interessante per i newyorchesi.

Ma c'è una differenza: i newyorchesi non sono tutti nati tutti a New York, molti lo sono, specialmente quelli di Brooklyn, tuttavia molti e tra i più importanti sono nati altrove, spesso lontano e poi, un giorno, si sono resi conto che erano in realtà newyorchesi magari lasciando Cleveland, Minneapolis o il Sud Carolina per presentarsi nella Grande Mela in una sorta di rimpatrio psichico. In soli sette anni sono diventati newyorchesi a tutti gli effetti e lo sono rimasti per sempre indipendentemente da dove erano nati.

New York non è solo un posto: è una società, un attitudine, un mucchio di idee vitali. Questo è un libro su di un gruppo di newyorchesi del Queens scritto da un newyorchese del Sud Carolina. E' una storia di New York e del mondo intero.

New York possiede una vibrazione. New York é una lunghezza d'onda, un messaggio magnetico scritto da qualche parte che pulsa attraverso l'etere e che dice: - "che cazzo ci fai in un posto insignificante?"- La storia, come la vita, esiste nello scorrere del tempo, ma dove inizia il tempo?

Io penso in realtà che il tempo inizi a New York probabilmente nelle vicinanze di Times Square e che da lì venga trasmesso in tutto il mondo in vari formati passando dalla velocità della luce alla velocità del ketchup.

Debby Harry una volta mi ha detto che Punk è il tempo in una partitura.

I Ramones, più di ogni altro gruppo, esprimono questo tempo e penso che la vibrazione di New York possa essere colta direttamente nella loro musica ed essere assorbita attraverso le fotografie di George DuBose.

New York è stata a lungo una fonte di vibrazione planetaria. Il suo ambiente ritmico, le sue armonie e dissonanze sono state parti integranti del Doo wop e del Bebop.

Charlie Parker e Miles Davis sono venuti a New York per ascoltarsi; Jimi Hendrix è arrivato da Seattle per affinare la teoria del rock geologico di "Axis: bold as love." Studiando Hendrix, infatti, ho realizzato che la musica può esprimere direttamente realtà planetarie e stellari; per diversi anni la mia band, Konelrad, ha fatto sperimentazioni di ritmi e vibrazioni con ramificazioni geologiche che non sto qui a discutere.

Voglio piuttosto dire che il sound dei Ramones ha avuto un profondo effetto su diverse generazioni di tutto il mondo inducendo, forse, una sorta di mutazione fisica e psichica che ha dato loro maggiori possibilità di sopravvivenza nelle civiltà densamente popolate. "Ogni volta che li vedi tirare dritti o andare controvento" puoi star sicuro che c'è l'influenza dei Ramones.

I Ramones sono il sound della New York nucleare. Questi ragazzi sentivano la metropolitana già nel grembo materno e sono stati esposti, dal concepimento in poi, a campi magnetici vibranti a 60 giri al secondo. Hanno colto l'iperritmo delle strade affollate, compreso l'importanza di precisione, la velocità e l'immediatezza. Ma, soprattutto, i Ramones hanno trasformato il Rock and Roll eliminandone gli eccessi, accelerandone il ritmo e semplificandone la forma.

Hanno dimostrato che gli effetti completi di una canzone Rock possono essere compressi in due minuti e che una dose completa di Rock and Roll può essere contenuta in un set di meno di un'ora. Hanno rivoluzionato il ritmo e la densità del Rock adattandolo per sopravvivere ad un epoca di eccessi e catastrofi.

Questo straordinario periodo conosciuto come Punk ha assunto oggi un grande significato come movimento giovanile di artisti che, attraverso le loro sperimentazioni, puntavano accoratamente ad un cambiamento sociale la cui vibrante ragion d'essere era rappresentata dalla loro stessa esistenza.

I cosiddetti Punk vengono studiati perché rappresentano l'ultimo movimento di musica ed estetica che sia stato percepito come rivoluzionario sia nel suo potenziale che nei risultati realmente raggiunti. Allo stesso modo, i Ramones sono di straordinario interesse per noi sia per la loro capa- cità di scostarsi dalla forma convenzionale, creando effetti estetici validi tutt'ora, sia per il potenziale cambiamento che ancora rappresentano.

"I speak music – Ramones" di DuBose è un intimo ed onesto resoconto dell'autore con la band descritto con parole e immagini.

I Ramones sono newyorkesi nati a New York, sono dei bulli da strada come lo sono stati i Dead End Kids prima di loro. George DuBose, invece, nato nel South Carolina, è diventato newyorkese per reazione istintiva alla loro musi

ca. E' stato uno di quelli che hanno voluto riconoscersi newyorchesi.

DuBose era arrivato per sperimentare direttamente quello che i Ramones e gli altri gruppi del momento avevano da offrire. Avrebbe potuto restare al Sud ascoltando Black Oak Arkansas e ZZ Top ma si è sentito in dovere di esplorare più in là, di guardare oltre la terra del cotone e delle pesche, verso la terra del cuoio e dello spaccio.

Come quelli che erano diventati newyorchesi per scelta o opportunità, DuBose vedeva in quel contesto un potenziale, un'originalità, una sorta di "esoticismo trasformativo" che invece sfuggiva a quegli altri: i newyorchesi assuefatti da eccessi e affronti.

In questo modo George riusciva sempre a fotografare gli artisti più interessanti e questo lo fece diventare un grande talent scout. Scopriva i ta-lenti e li rappresentava con le sue foto.
I fotografi di Rock and Roll sono un'interessante categoria di artisti che hanno spesso dei secondi fini che li spingono a fotografare. Tra i migliori ci sono state tante donne, molte forse interessate ad avere delle relazioni con le rock stars. Oppure c'erano molti giovani ragazzi che lo facevano per soldi sperando in un avanzamento di carriera verso il mondo della moda o come reporters di guerra.

Ma per George DuBose l'unico motivo é stato il Rock and Roll; era interessato a questo tema e al suo spirito, aveva visto in queste bands, specialmente nei Ramones, una sorta di spirito di ribellione. Nel suo intimo George è come una specie di pirata benevolo, un Robin Hood nautico. Nel suo intimo George è come una specie di pirata benevolo, un Robin Hood nautico. Un ex marinaio, attratto dai porti stranieri, dalla sublime forza del mare, conoscitore della navi-gazione a vela. Ma George è anche un grande tecnico spesso richiesto come assistente. Anche dopo aver già fatto i suoi grandi scatti, altri fotografi lo hanno ingaggiato per farsi stampare le foto immagini.

George conosce le corde, conosce i motori, conosce il valore delle regole di bordo ma allo stesso tempo naviga sotto bandiera pirata, ne apprezza bottini, relitti e contrabbando.

Quando le grandi Punk bands di New York incontravano DuBose gli davano sempre il permesso di salire a bordo riconoscendo in lui un filibustiere, un essere congeniale, uno spirito affine. Anche il fatto di essere un uomo e non una bella donna gli ha dato alcuni vantaggi come ritrattista: per esempio, lo sguardo che Johnny Ramone ha lasciato sul suo obbiettivo gli ha fatto guadagnare la fama di "cattivone del Rock and Roll", non un insulto ma un omaggio alla sua natura.

I Ramones erano degli esseri straordinari ma anche la quinta essenza della mediocrità. Si sono inventati un "glamour ordinario" con la semplicità di un vestire facile. Prendevano dei clichès che, con tagliente ironia, facevano risuonare con le stramberie della Pop Art. Assumevano pose da cartoni animati, fasulli, sopra alle righe.

Dipingevano tutto in bianco e nero diventando buffi mostri: la famiglia Addams del Rock and Roll. Si divertivano con qualsiasi sciocchezza venisse detta e non si stancavano mai di scherzarci sopra.

Si mettevano in posa come una gang con giacche di pelle da motociclista e jeans strappati come se stessero per cominciare a fare chissà quali duri lavori.

I Ramones, tutti con lo stesso cognome, facevano anche finta di essere parenti. Lo facevano con leggerezza ma era comunque simbolicamente anarchico il fatto di lasciare la vecchia famiglia per una nuova preferita.

Si atteggiavano a ruffiani, tossici, fascisti, scemi, sniffatori di colla, malati mentali e molte altre cose a seconda di quello che gli veniva in mente di interpretare sul momento e convogliavano tutto questo nella musica. Hanno creato, così, un atteggiamento che venne riconosciuto come punk e che fu portato avanti da loro meglio che da chiunque altro. Sono stati la voce dei nuovi diseredati proletari che facevano ballare. La gente balla ancora anche se i Ramones sono ormai al di fuori di tutto questo. Ma questo è quello che fanno le avanguardie - fallo e vai al diavolo.

"Non tutti li hanno capiti in un primo momento. Bisognava avere intuito. Come quello che ha avuto Capitan DuBose, l'ultimo tipo con cui sono rimasto incagliato."

– Glenn O'Brien – NYC 2007

Testimonianze

"Una cosa sui Ramones: una volta che cominci a lavorare per loro e ti sai far apprezzare di sicuro ritornano per chiederti qualcos'altro. Guardate me, ho incominciato a lavorare per loro in alcuni spettacoli nel 1974 e l'ultima volta che ho avuto a che fare con qualcosa che li riguardasse è stata ventidue anni dopo: wow che corsa! Nel corso della lunga carriera dei Ramones abbiamo avuto il privilegio di lavorare con George per molti molti album e scatti fotografici. Johnny odiava andare alle sessioni fotografiche, più veloci venivano fatte, più ne usciva felice. George lo aveva capito ed era capace di fare grandi scatti in tempi brevissimi, cosa che ha fatto impazzire molti altri fotografi. George arrivava sempre con idee interessanti e ingegnose per le copertine e questo ha fatto si che la band tornasse da lui. Io ho ancora una duratura amicizia con George. Mi è sempre piaciuto navigare sulla sua barca a vela The Defiant e avere il grande onore di chiamarlo capitano."

— Monte Alexander Melnick
Ramones tour manager

"George DuBose è un fottuto genio che riconosce i talenti prima che il talento si riconosca tale"

— Kevin Tooley
Maestro batterista e produttore

"Ho perso il conto di quante copertine ha fatto George DuBose per i Ramones. Ne avrà fatte sei, sette o anche otto. E se ci mettiamo anche i retro di copertina? E che dire di "RamonesMania"? Ha fatto anche quello! Il punto è che ha fatto sei copertine dei Ramones e molte foto dal vivo, foto promozionali, anche quella con Elvis Ramone. Ha lavorato per i Ramones per dodici anni. Non ho mai sentito di un fotografo che è stato così a lungo e così vicino ad un gruppo musicale. E' stato come il quinto membro, Flashy Ramone o qualcosa del genere. La gente dice che a Johnny piaceva la velocità con cui lavorava George. Ma per poter fare una foto molto velocemente un fotografo deve essere preparato, ben organizzato. George, per come lo conosco, passa un sacco di tempo ad organizzare i dettagli del set pensando a come catturare una composizione. Esattamente come si progetta una natura morta, lui fa lo stesso per un volto, una persona o un gruppo musicale.
E' anche uno che fa uso di idee bizzarre o di strane locations. Contrariamente ai Ramones, gli piaceva improvvisare e sperimentare. Senza l'impatto di George, i Ramones, apparirebbero sulle copertine come quattro tipi e un muro di mattoni. Quindi: grazie George per il flash fallito nel tunnel di Central Park. Grazie per le anatre in quella finestra di China Town. Oh! e le scimmie? Bella quella. La storia di come mettere Mark di fronte al finestrino del treno B? Un classico! Buffo che Clem Burke fosse stato un ragazzo Coco Chanel. Infine ma non per ultimo: Grazie! Per il tuo supporto e aiuto al Ramones Museum!

Per noi fans, le tue foto non sono solo parte della carriera dei Ramones, sono parte della nostra vita. Stiamo ancora lì a fissarle per ore. Come una volta."

– Florian Hayler
Direttore Ramones Museum Berlin
www.ramonesmuseum.com
www.myspace.com/ramonesmuseum

"George Dubose è stato un grande amico dei Ramones. E' stata una delle poche persone che aveva il permesso di accedere alle registrazioni, alle prove, alle riprese dei video e a tutti gli altri eventi interni della band.

Le sue foto hanno aiutato a catturare l'essenza dei Ramones"

– Danie Rey
Coautore e produttore dei Ramones

"Ho incontrato George DuBose un paio di volte: a New York e all'esposizione di Augusta in Germania, Rampe3 Ramones festival nel 2003. C'erano le sue foto all'esposizione ed era anche stato ingaggiato da Paul Kostabi (Youth Gone Mad, etc.), amico intimo di Dee Dee Ramone, per fotografare il set di Willowz.

George DuBose è un vero gentleman, proprio come ho scritto nel mio secondo libro "Rock In Peace: Dee Dee and Joey Ramone."

Il lavoro di George con i Ramones mi piace davvero. Grandi copertine, booklet, foto promozionali etc. La copertina di Roberta Bayley dell'album di debutto è la più classica copertina dei Ramones. Ma io penso che la copertina di Too Tough To Die, fatta da George, ci vada molto vicino. Tutte e due le copertine mostrano effettivamente le molte sfaccettature dei Ramones. Animal Boy e Mondo Bizarro sono i miei dischi preferiti dei Ramones insieme ai primi due (Ramones e Leave Home). La copertina di Animal Boy è diversa da ogni altra loro copertina. Per lo stesso motivo non mi interessa quella di Mondo Bizarro anche se le foto delle ragazze all'interno del booklet sono molto belle.

George DuBose quando lavora coi i Ramones sa far lavorare la sua immaginazione. Il suo lavoro e la quantità di tale lavoro parlano da soli.

I Ramones lo hanno accettato come fosse uno di loro. George è un'importante membro della famiglia Ramones.

– Jari-Pekka Laitio-Ramone
Jari-Pekka si occupa del più grande sito dei Ramones dal 1995 (http://ramones.kauhajoki.fi).
Ha scritto due libri:
Heaven Needed A Lead Singer: Fans Remember Joey Ramone (2002)
Rock In Peace: Dee Dee And Joey Ramone (2004)

"I Ramones hanno cambiato la mia vita per sempre.

Radicalmente.

All'inizio, dopo averli visti, di colpo ho capito chi e cos'ero: uno di loro. Non, di fatto, sul palco, nonostante sia stato molto vicino a suonare con loro e sia stato anche il loro roadie per un breve periodo, ma per il modo di essere "Gabba Gabba Hey".. .Quello che voglio dire è che ero uno spiritoso paraculo di New York, con uno spiccato senso dello humor, un vero amore per il Rock and Roll aggressivo e mi piaceva questa città che accoglieva i fratelli con il cognome portoricano come il mio.

Avevo anche bisogno di appartenere a qualcosa, ad una qualche famiglia. Venivo da una situazione familiare fottuta, i Ramones ne offrivano una in alternativa: a tutti. Così sono stato preso. Con l'acquisto di un giubbotto di cuoio, l'aggiunta di due spille della U.S. Air Force, un paio di jeans rotti che mia mamma aveva strappato per me, ero nel club e lo sono rimasto fino ad oggi.

Sono stato fortunato. Molti fans non hanno conosciuto e non sono diventati amici di questi tipi. Ma io, certamente, l'ho fatto. Uscivo con Joey, ascoltavamo gruppi scadenti, sono stato testimone di nozze al secondo matrimonio di Dee Dee, c'è stato Johnny che mi ha aiutato a portare a casa l' albero di Natale il giorno della vigilia, sono diventato un buon amico di CJay e del mio batterista favorito, Richie.

Ho fatto amicizia con tutti quelli che hanno lavorato con i Ramones quotidianamente. Ci son stati Monte Melnick, per molto tempo il loro road manager; Mitch Keller detto Bubbles, che è stato poi il mio roadie mentore; Arturo Vega che faceva luci e magliette. Ho anche avuto modo di incontrare i talenti dietro le macchine fotografiche. E nessuno è stato così creativo come George DuBose. Anche se ho amato i video della band fatti da George Seminara, ho avuto l'impressione che non fossero mai riusciti a cogliere chi fossero veramente questi ragazzi e che cosa volessero dire. Probabilmente era dovuto al budget: Johnny e il manager investivano pochi soldi e si vedeva.

Ma con le copertine dei dischi era un'altra storia. Oltre alla copertina di Holmstrom "Road To Ruin" e la prima, di Roberta Bayley, nessun'altra ha significato Ramones più della copertina di "Too Tough To Die". E' chiaro che è stata prima di tutto un omaggio a "Arancia Meccanica" ma voleva anche dire: "faremo cagare addosso dalla paura i vostri genitori". E' la più rappresentativa più di qualsiasi altra copertina che abbia mai visto. Nella foto la band appare oscura, minacciosa, in agguato anche se per i fans quella era un immagine familiare. Quando ho visto George DuBose fare la copertina sapevo che questo tipo aveva capito chi fossero i Ramones. Tralasciando quell' abbinamento merdoso delle magliette di Phil Spector o gli stupidi disegni di "Pleasent Dreams", questa foto dice tutto. Ho sentito la stessa cosa per i successivi "Half to Sanity" e "Animal Boy". Molto Ramones. Moltissimo la band che avevo conosciuto e amato. Molto New York!

Quindi ecco a voi George, per dare nuova vita al processo creativo della band e per darci immagini che non dicono solo "Ramones" ma raccontano chi eravamo e chi siamo ancora."

– George Tab, NYC 2007

Punk'd

Quando mi trasferii a New York City nel gennaio del 1975 non avevo mai sentito parlare del "Punk Rock". Per me "punk" era una parola dispregiativa che significava "uno che pensava di essere un duro e invece era solo un rotto in culo, un incapace". Ho anche sentito che voleva dire "Jailhouse fuck-boy" cioè quello, che in gergo carcerario, è costretto a essere sodomizzato anche se non ho mai avuto esperienze in merito.
Mio nonno mi diceva che un punk era lo sterco di cammello da mettere su un bastone per accendere i fuochi d'artificio.

Più tardi ho imparato che un "punk" era un corto pezzo di corda di canapa che veniva usata nel XVIII secolo nelle navi da guerra per accendere i cannoni. Da Fumarsela!

Avevo una stanza in una comunità di New York che si chiamava Cliffside Park, NJ, ma il venerdì o il sabato sera mi veniva voglia di prendere un autobus che in venti minuti mi portava nella "City"; andavo a dare un'occhiata al "Les Jardins" una famosa e popolare discoteca nel seminterrato del Hotel Diplomat. Alla fine degli anni Settanta, la Disco Music era una valida alternativa ai popolari Heavy Metal e Progressive. Penso che alcuni dei suoni più innovativi siano usciti con la Disco proprio in questo periodo. La Tecno era già nata e la New Wave stava appena incominciando. Il mio schermo radar non aveva ancora intercettato il Punk Rock.

Avevo sentito parlare di un club Hard Rock nel Bowery chiamato Great Gildersleeves e, ogni tanto, andavo a vedere cosa succedeva. Poi avevo sentito di un altro club del quale si diceva fosse un posto dove accadevano delle cose, un "happening scene". Il posto che si chiamava CBGB's era ad un isolato o due più giù del Great Gildersleeves nel Bowery.

Una notte decisi di andare al CBGB's. Non avevo la minima idea di cosa ci fosse in programma.

Arrivato al club, nel Bowery, con un biglietto da tre dollari, ho visto un gruppo che si chiamava Television: era la band principale della serata e aveva appena iniziato il suo set.

Da teenager avevo studiato per parecchi anni la chitarra anche se non sapevo leggere le note. Quello che ho visto sul palco, quella notte al CBGB's, mi risultò incomprensibile. Prestando

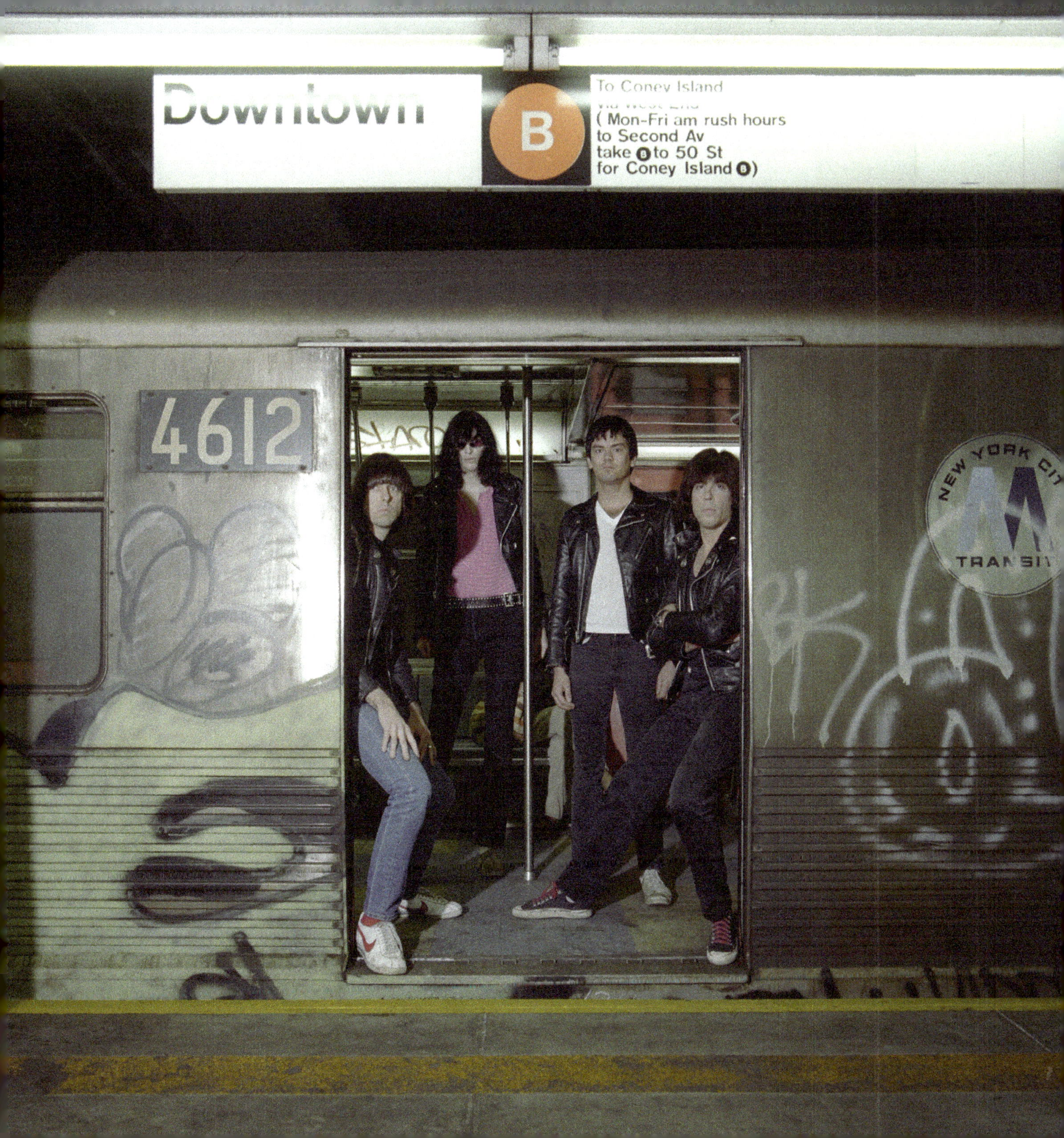
Downtown
B
To Coney Island
(Mon-Fri am rush hours
to Second Av
take B to 50 St
for Coney Island B)
4612
NEW YORK CIT
TRANSIT

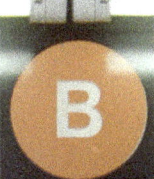

attenzione a quello che faceva il chitarrista Richard Lloyd, divenne subito molto chiaro che, come musicista, questo tipo, era decisamente peggio di me che non toccavo una chitarra da almeno cinque anni.
Non mi sarei neppure immaginato che qualcuno potesse avere il permesso di suonare così male su un palco. Non mi era mai passato per la testa che qualcuno potesse "tentare" di suonare in modo così scarso.

Me ne andai chiedendo il rimborso per il biglietto!

First Break

Mi ci sono voluti due anni per trovare un posto da apprendista in uno studio fotografico di NYC e sono stato abbastanza fortunato di trovarne uno con due soci che si dividevano gli affari. Ero l'assistente principale di tutti e due. Questo voleva dire che avevo doppie istruzioni. I miei boss si erano entrambi laureati al Rochester Institute of Technology una delle due scuole in America che faceva la formazione ai fotografi professionisti: questo mi è stato di grande aiuto.

Le loro istruzioni e procedure molto spesso coincidevano e non mi veniva chiesto di fare cose in modo diverso per l'uno o per l'altro.

Subito dopo essere divenuto l'assistente a tempo pieno di Lane Pederson e James Erwin, mi sono spostato a Manhattan, dividendo con un compagno di scuola un enorme appartamento a Yorkville, precedentemente Germantown.

Siccome il mio lavoro allo studio fotografico veniva remunerato con una paga bassa avevo fatto un accordo con i miei boss per poter avere le chiavi dello studio. Avevo il permesso di utilizzare tutte le macchine fotografiche, le attrezzature per illuminare, le pellicole e il materiale per lo sviluppo così come accedere alla camera oscura; avevo perfino i pranzi pagati.

E fu così che a ventisette anni avevo il mio studio fotografico a Manhattan. Alla fine degli anni Settanta la città era piena di artisti, attori, musicisti in difficoltà economica: avere un mio studio era fantastico e di certo ha migliorato la mia posizione sociale.

Uscendo a feste e inaugurazioni ho incontrato alcuni dei giovani dello staff del giornale Interview di Andy Warhol. Cominciarono a commissionarmi lavori in camera oscura: sviluppavo le istantanee di Warhol, le foto che si facevano alle feste ed altri piccoli lavori di fotografia per il giornale che stampavo io stesso nel "mio" studio. Per Interview ho incominciato a fotografare, prima, le modelle, poi facevo le magliette pubblicitarie, e, alla fine, progressivamente sono arrivato a occuparmi dei musicisti intervistati negli articoli mensili da Glenn O'brien che si occupava della parte musicale del giornale. Glenn è uno dei più grandi scrittori della storia e potevo contare sui suoi articoli musicali per tenermi informato sui migliori avvenimenti del momento.

Sempre tramite Interview sono stato invitato al concerto di un nuovo gruppo che veniva dalla Georgia: i B52's, che facevano il loro debutto a New York al Max's Kansas City, il famoso nightclub. Quando il mio amico Richard Cramer, che lavorava anche lui per Interview, mi chiamò per chiedermi se volevo vedere una nuova band di Athens in Georgia, ero molto curioso. Avevo vissuto ad Atalanta da bambino. Ho dovuto dire al mio amico che, anche se mi sarebbe piaciuto andare, non avevo i soldi per il biglietto. Mi disse di non preoccuparmi e che mi avrebbe messo nella lista degli invitati. Cazzo, non sapevo cosa fosse una lista di invitati.

Evidentemente, non ero mai stato ad un concerto senza pagare il biglietto.

Second Break

Così, dopo il lavoro il 12 Dicembre 1977, andai al Max's Kansas City con la mia macchina fotografica e la mia curiosità al massimo.

Quella notte il primo gruppo a salire sul palco furono i Teenage Jesus and the Jerks, guidati dall'originale punk girl, Lydia Lunch. Questo fu il secondo gruppo Punk che vidi e, lì per lì, non rimasi impressionato né dal loro materiale, né dall'esibizione stessa. Ancora un gruppo che cercava di essere orribile o forse che non cercava di esserlo: lo erano e basta.

Tuttavia, la seconda band, questi sconosciuti di Athens, erano lì per cambiare la mia vita.

Era chiaro che non erano i più esperti musicisti del mondo. Usavano vecchie chitarre Mosrite come quelle dei The Ventures (la mia chitarra preferita e, a quanto pare, anche quella di Johnny Ramone), pianoforti giocattolo, radio trasmittenti portatili e vecchie tastiere

Farfisa. Una cosa degna di nota è che, anche se erano dei musicisti pessimi, cercavano di fare del loro meglio. Il risultato complessivo fu ottimo.

I B-52's iniziarono il loro set con Peter gunn theme di Henry Mancini, che era la sigla di una serie televisiva su di un detective degli anni Cinquanta. Era stata anche la prima canzone che avevo imparato a suonare quando ho avuto la mia prima chitarra: non riuscivo a trovare gli accordi giusti, ma, comunque, ci suonavo sopra durante i telefilm di Peter Gunn. I B-52's avevano scritto il testo anche per un altra composizione di Mancini e avevano chiamato la canzone Planet Claire. Mi sono immediatamente innamorato della band e delle loro musiche. Se fossi stato un "talent scout" per una etichetta discografica li avrei ingaggiati lì sul posto, quella stessa notte.

Subito dopo il concerto ho voluto andare nel loro camerino per invitarli nel "mio" studio fotografico a fare degli scatti ma mi dissero che dovevano ripartire subito per Anthens. La leggenda vuole che i B-52's fossero arrivati guidando da Anthens a bordo di una WV maggiolino con tutti i loro strumenti e che fossero ritornati indietro subito dopo il concerto del Max's.

Ma ritornarono presto al Max's e suonarono anche in altri clubs di Manhattam: al CBGB's e all'Hurrah's. Nei due anni successivi iniziai una relazione di amicizia con la band fotografando i loro concerti e invitandoli svariate volte nel "mio" studio per ritrarli.

La rivista Interview, finalmente, pubblicò due delle mie foto fatte in studio e quando i B-52's firmarono il contratto con Chris Blackwell, della Island Records, avevo, ormai, messo insieme un grosso catalogo di immagini del gruppo.

Third base

Tony Wright, direttore artistico da lunga data della Island Records, aveva il compito di ideare il disco di debutto dei B-52's. Su consiglio del gruppo mi chiamò per vedere le mie immagini con l'intenzione di usarne una per la copertina. Credo che Tony avrebbe voluto che la scelta della copertina spettasse a lui ma il gruppo scelse una foto fatta da me un anno prima e che avevo stampato e usato per un manifesto.

Mr. Wright mi chiese quanti soldi volevo dalla Island per fare una copertina usando una mia foto di studio dei B-52's. Ci ho pensato molto senza arrivare a nessuna conclusione; mi offrì settecentocinquanta dollari e calcolai che sarebbero stati l'equivalente di cinque settimane della mia paga da assistente. Accettai prontamente, e questa è, in poche parole, la storia di come feci la mia prima copertina.

Home run

Tony Wright incominciò a commissio-narmi altre copertine di dischi per Lydia Lunch e per Kid Creole and the Coconuts. Ma fu grazie al contatto con i B-52's, che Gary Kurfirst, il loro mana-ger ma anche quello dei Ramones e dei Talking Heads, chiese a Tony di occuparsi della copertina del sesto album dei Ramones, "Subterranean Jungle".

Solo questa giungla non aveva intenzione di diventare verde e rigogliosa. Non avevo ascoltato nessuna registrazione precedente dei Ramones, ma dopo alcune ricerche scoprii che questi tipi erano stati gli innovatori della musica chiamata "Punk". Ero sicuro che questo "Punk" Rock stesse per finire.

Dopo aver ascoltato un paio di canzoni tra le più conosciute dei Ramones pensai che se anche i testi erano accattivanti, il talento musicale era povero e niente di così eccitante. Sembrava un ammasso di urla e bastonate tra chitarristi..

Al primo appuntamento con Tony e i Ramones, il gruppo ci spiegò che volevano una foto davanti alla porta aperta di un vagone della metropolitana di NY ricoperto di graffiti. Johnny Ramone suggerì di andare al deposito notturno del Bronx, dove ci sono tutte le carrozze parcheggiate.

Facile a dirsi, ma dal punto di vista logistico, mi sembrava un incubo. Primo: bisognava ottenere un permesso dall'autorità dei trasporti e solo questo mi sembrava un compito scoraggiante. Secondo: ci voleva un manutentore che aprisse le porte delle carrozze e questo richiedeva dei costi consistenti. Terzo: avrei dovuto fare la foto da una scala abbastanza alta per essere allo stesso livello della band che stava all'interno del treno. Inoltre, non sarebbe venuto fuori il marciapiede pedonale che c'è in tutte le stazioni.

Ebbi un idea migliore e molto più semplice: il treno per Coney Island "B" partiva dalla cinquantasettesima strada e sesta Avenue di Manhattan. Il treno in arrivo da Coney Island si ferma in stazione per venti minuti prima di ripartire, in senso contrario, per il suo lungo viaggio verso Brooklyn. Durante il tempo di permanenza tra i due viaggi avrei fatto salire il gruppo in treno, scattato un po' di foto velocemente, poi giù dal treno, aspettando il prossimo sul marciapiede per fare altri scatti.

A quel tempo non conoscevo ancora il gruppo, non li avevo mai visti dal vivo, non conoscevo nessuna delle loro canzoni, né, tanto meno, si sentivano alla radio; non c'era, tra noi, quella stretta amicizia che si sviluppò negli anni a seguire. Mi organizzai con le mie luci flash a batteria Norman 200B e la mia macchina Hasselblad sul marciapiede della metropolitana in attesa che il gruppo si facesse vivo. I Ramones arrivarono alla fermata: loro quattro e l'onnipresente tour manager, Monte Alexander Melnick. Chiesi ai ragazzi di mettersi di fronte alle porte di un treno fermo. Riuscii a scattare vari rullini con la Hasselblad prima che il campanello di chiusura delle porte suonasse con la conseguente partenza del treno.

Avevo appena finito la mia seconda parte di foto, quando un poliziotto ci si avvicinò, lì sul marciapiede.

Mi chiese se avevo il permesso.

- "Permesso? Perchè dovrei avere il permesso?" - Risposi educatamente.

- "Dovete richiedere un permesso scritto al N.Y.C.M.T.A. per fare delle foto professionali all'interno della zona metropolitana" - mi rispose il poliziotto.

- "Sono uno studente della scuola d'arte" - frequentavo le serali, - "e sto fotografando questo gruppo per la rivista East Village Eye. Non so nulla di permessi." - . A dire il vero, lavorando come assistente con i fotografi di moda, sapevo tutto sui permessi, ma non avevo voglia di sbattermi per farne uno solo, per una veloce incursione fotografica nella metro di NY.

- "Bene, dobbiamo riferire al distretto della stazione" - mi disse l'ufficiale.

Pochi minuti dopo, il poliziotto mi convocò a un telefono pubblico (era prima dell'avvento dei cellulari e le radiotrasmittenti non funzionavano in metropolitana). - "Il sergente vuole parlare con lei" -

- "Cosa sta succedendo?" - mi chiese il sergente al telefono. - "Sto fotografando un gruppo musicale per East Village Eye. Non sapevo che ci fosse

bisogno del permesso. Fotografiamo solo quando il treno B si ferma per i venti minuti di sosta alla stazione della cinquantasettesima strada. Non teniamo le porte aperte bloccandole e non facciamo ritardare il treno in nessun modo. Non sto neppure usando l'elettricità della metropolitana. I miei flash funzionavano a batterie.

- Il sergente mi chiese: - "Chi è il gruppo?"-

Risposi: - "I Ramones."-

Con mia grande sorpresa, il sergente, immediatamente, mi disse: - "Andate pure avanti e fatemi parlare con l'uomo di pattuglia."-

Si scoprì che, poco tempo prima, i Ramones avevano suonato ad un concerto di beneficenza per il dipartimento di polizia di NY al fine di aiutare il dipartimento a raccogliere fondi per comprare giubbotti antiproiettile. I Ramones erano, e lo sono ancora, molto famosi al dipartimento di polizia di NY.

Stavo per riprendere gli scatti, sotto lo sguardo del poliziotto, quando Monte Alexander Melnick mi disse di aspettare un minuto.

Monte Alexander Melnick, sotto voce e di spalle al gruppo, mi disse che i Ramones stavano per scacciare Marky, il batterista, ma che lui non lo sapeva ancora.

- "Come possiamo isolare Marky dal resto del gruppo senza insospettirlo?"- mi chiese Monte.

Suggerii di sistemare, prima, Dee Dee ad un finestrino che stava in fondo al vagone, fuori dall'inquadratura, con gli altri tre che guardavano fuori dalla porta aperta, e poi, di spostarci Marky.

Mi sembrava tutto così strano. Voglio dire: se stai per mandare via il ragazzo, basta dirglielo.

Avevo molto da imparare sulla politica dei Ramones e soprattutto sulle loro gerarchie interne.

Ho fotografato tutto con la Hasselblad, con pellicola a colori 2-1/4". Quando sviluppammo la pellicola Tony Wright volle ripulire il treno e ridisegnare i graffiti spray su di un ingrandimento secondo il suo stile.

"Suterranean Jungle" è stato il primo disco dei Ramones che ho effettivamente ascoltato soltanto perché avevo riconosciuto nella lista dei brani, sul retro di copertina, "Time has Come Today", originariamente dei The Chambers Brothers. Era stata una delle mie canzoni psichedeliche preferite durante la mia gloriosa e dissoluta giovinezza nei tardi anni Sessanta.

Ho pensato che la copertina finale di "Subterranean Jungle" sembrava abbastanza tosta, ma ho poi scoperto che era odiata dai Ramones.

Too Tough To Die

Un anno dopo mi arrivò una telefonata da Sua Altezza Reale del Rock, Johnny Ramone, il boss dei Ramones in persona. Mi disse che voleva me, senza dubbio, per fotografare un'altra loro copertina e mi chiese se conoscevo un altro direttore artistico con cui poter lavorare.
- "Cosa c'è che non va con Tony Wright?"-, chiesi.
- "I graffiti che ha fatto per la copertina di "Subterranean Jungle" sembrano troppo finti: non ci sono piaciuti." - disse Johnny.

Avevo lavorato con Tony in così tanti progetti, fino a quel momento, che conoscevo ogni variabile del suo talento e delle sue capacità.
- "Non eliminare Tony così rapidamente. Tony è estremamente versatile. Può dise-gnare la copertina in qualsiasi modo tu lo voglia. Devi solo essere chiaro e dirgli cosa ti piace e cosa vuoi."- Sentivo che dovevo essere leale con Tony. Dopo tutto non avrei mai fotografato "Subterranean Jungle" o, forse, non avrei mai incontrato i Ramones se Tony avesse chiamato un altro fotografo.

Al seguente incontro creativo con Johnny e Joey riguardante l'imminente sessione per la copertina di "Too Tough To Die" Johnny mi chiese se avevo mai visto "Arancia meccanica" di Stanley Kubrick.
- "Non fino in fondo"- dissi, senza spiegare che trovavo quel film noioso e non apprezzavo il sadismo eccessivo che veniva mostrato.
Johnny mi disse che nel film c'era la scena di un'aggressione in un tunnel di Londra e che il gruppo avrebbe voluto ricrearla o, almeno, restituirne la sensazione.

Chiesi al mio ex boss e consigliere, il fotografo di moda Lane Pederson, dove potevo trovare a New York un piccolo tunnel pedonale. Lane mi disse che ce n'erano vari al Central Park e me ne suggerì uno vicino allo Zoo. Sono andato a vedere quel tunnel, così come un'altra dozzina a Manhattan, ma Lane aveva ragione: il diametro del tunnel dello Zoo aveva la giusta proporzione che avrebbe reso la fotografia perfetta. Il tunnel era piccolo e rendeva i ragazzi della band più grandi in quel contesto...e più imponenti.

Visto che era un lavoro per la Warner Bros Records, il budget era abbastanza cospicuo, affittammo un grosso Caravan da usare come camerino. Chiesi al gruppo che tipo di rinfresco desideravano e mi dissero - "Pizza e birra!"-

A questo punto, per la mia seconda foto dei Ramones, sentivo che ero responsabile di una produzione abbastanza grande. Avevo due assistenti, un permesso di locazione valido e che il Caravan che avevamo noleggiato aveva un generatore elettrico che ci forniva energia per le luci.

Abbiamo chiuso il fondo del tunnel con dei teli di plastica trasparente per controllare il fumo che arrivava dalla macchina del fumo; abbiamo sistemato parecchie Flash da studio colorate con filtri blu; dal fondo, fuori dal tunnel, altre luci per illuminare di blu il fumo da dietro e di fronte, luci bianche per illuminare il gruppo.

Dopo aver fatto un paio di Polaroids per testare l'esposizione e diversi rullini da 2-14", visto che Johnny chiedeva perché le Polaroid ci mettevano così tanto a svilupparsi (un minuto), cambiai la carica di Polaroid con una in bianco e nero, più veloce nello sviluppo (30 secondi).
Johnny ora guardava la Polaroid in bianco e nero dicendo: - "Pensavo che questa copertina venisse fatta a colori..."-

Lasciai prendere una pausa alla band e chiesi loro se volevano mangiare un po' di pizza e bere qualche birra. Mangiarono tutta la pizza ma notai che l'intera cassa di birre era rimasta intatta. Dopo la pausa pizza, riprendemmo la sessione; scattai altre Polaroids a colori, ma per qualche ragione, questa volta, il flash frontale non si accese. Wow! Era chiaro dall'immagine della Polaroid, che la silhouette del gruppo nel tunnel, contro il fumo e la luce blu di fondo, era veramente potente. Tony mi chiese di fare un intero rullino senza luce frontale.

Ho detto: - "Stop, buona questa"- , anche se non del tutto convinto del potenziale capolavoro che era appena stato creato.

Il gruppo sparì nel buio della notte, velocemente, con non più che un arrivederci. Quando i miei assistenti avevano finito di smontare le luci e tutti gli equipaggiamenti fotografici erano stati caricati nel caravan, volli offrire al mio staff, dopo il duro lavoro, una ben meritata prima birra della sera. Guardai nel frigo del caravan, ma l'intera cassa

della birra era sparita.
La sera seguente, mostrai le foto sviluppate a Tony ed era chiaro che gli scatti in controluce erano di gran lunga "una bomba". Dal momento che questo sarebbe stato il settimo LP della band e che la maggior parte degli altri album aveva la loro faccia in copertina, pensammo fosse facile convincerli di usare la foto con le silhouettes.

Un paio di giorni dopo, all'incontro con la band per mostrare loro una prova di copertina, furono tutti immediatamente d'accordo sulla nostra scelta. Tony aggiunse solo i caratteri maiuscoli bianchi sul fronte della copertina, "RAMONES" e "TOO TOUGH TOO DIE" e fu creata una delle più classiche e potenti copertine di Rock'n Roll di tutti i tempi.

Monkey Cam

Un anno dopo, arrivò ancora una telefonata di Johnny: i Ramones mi volevano per fotografare un'altra copertina, e questa volta, volevano una scritta a mano, stile funky, per il titolo del disco e per i titoli delle canzoni. La mia scrittura è abbastanza funky, così decisi di occuparmi di tutto il progetto di copertina da solo, senza Tony.
No so cosa si fossero fumati ma sicuramente qualcosa che gli aveva messo in testa strane idee. Per la nostra terza collaborazione, Johnny mi disse che volevano andare allo zoo del Bronx ed essere fotografati davanti alla gabbia degli scimpanzè con uno di loro che teneva in braccio un cucciolo di scimmia. Il titolo dell'album sarebbe stato "Animal Boy".

Bene. L'organizzazione di questo progetto iniziò con una mia telefonata allo zoo, con io che chiedevo in modo naiv: - "Possiamo fotografare un gruppo rock, con un cucciolo di scimmia in braccio di fronte alla gabbia degli scimpanzè?" -
La risposta fu veloce e precisa.
- "Assolutamente no"- .
- "Possiamo portare un nostro scimpanzè e stare di fronte alla gabbia?" -
- "Assolutamente no." -
Ok. E adesso?
L'unica cosa da fare, era costruire un fac-simile di gabbia per gorilla in uno studio fotografico, affittare alcuni costumi da gorilla realistici, noleggiare e addestrare uno scimpanzè.
Semplice.
Noleggiare uno scimpanzè professionista fu la cosa più facile. C'era uno scimpanzè professionista, che era spesso alla trasmissione televisiva di David Letterman "Late Night". Il nome della scimmietta era Zippy e nella trasmissione indossava un elmetto di plastica ben fissato con attaccata una telecamera. Così Zippy poteva vagare per lo studio e tra il pubblico e occasionalmente si arrampicava fino al soffitto dando una visione unica: "Il punto di vista di una scimmia".

Inizialmente c'era stata una discussione per vestire la scimmia con una giacca di pelle nera, stile Ramones, ma qualcuno, probabilmente Monte Alexander Melnick, obbiettò che qualche fan avrebbe potuto pensare che Zippy fosse effettivamente, un nuovo membro dei Ramones. Questo immediatamente fece cestinare l'idea.

La parte più difficile, fu costruire l'enorme gabbia con grossi e lunghi pali di legno, dipingerli di nero, cercare il noleggio di abiti da gorilla e renderli ragionevolmente realistici, appendere dei pneumatici d'auto a delle catene.

Lo scatto fu facile e senza problemi. Il famoso scrittore punk, Legs McNeil e uno dei roadies dei Ramones, indossarono i convincenti costumi da gorilla che avevamo noleggiato. I ragazzi del gruppo si alternarono per tenere Zippy.

Lo scimpanzè era eccitato per tutte quelle attenzioni. Era troppo preso dall'interagire coi membri del gruppo per riuscire a farlo guardare in macchina. Chiesi all'ammaestratore di mettere Zippy di fronte alla macchina e lui provò varie volte a chiamarlo con tono severo ma Zippy era nel pieno di una discussione amorosa con Joey che non poteva essere interrotta.

L'addestratore allora camminò verso di lui e disse: -"Zippy!!!" -

Quando lui si girò per guardare il suo ammaestratore, l'uomo diede uno schiaffo in piena faccia al povero Zippy! Tutti noi restammo scioccati da quello che aveva fatto l'ammaestratore ma Zippy ritornò in posa e ci rimase fino alla fine.

Il mio amico Paul O. Colliton fotografò il retro di copertina: una natura morta fatta in un camerino delle modelle del giornale Penthouse dove avevo lavorato a tempo pieno come editore fotografico di Spin Magazine.

La busta interna del disco mostrava l'inquietante immagine di una pietra tombale in stato di abbandono che si trovava in un vecchio cimitero ebraico sulla ventesima ovest.

Mark Weiberg aiutò per la grafica del retro di copertina e dell'inserto interno del disco, mentre, per il titolo davanti, fu usata la mia scritta a mano "Animal Boy".

Chinatown rocks

L'anno seguente, la quarta chiamata per fotografare "Halfway to Sanity". Per quel disco, il gruppo voleva qualcosa a Chinatown, tipo un vicolo scuro o qualcosa del genere: non avevano ancora le idee molto chiare.

Ho passato parecchi giorni esplorando più locations possibili pensando anche alle luci in ogni posto in cui andavo. Finalmente ebbi il permesso che mi serviva per fotografare in varie zone di Chinatown e così diedi appuntamento al gruppo per incontrarci ad un certo indirizzo in Mott Street di Chinatown. C'erano con me: mio cugino, capitano del U.S. Army, Peter Wilkinson e il suo amico Bob Thomas che si occupavano del controllo dei passanti: facevano, sia gli spettatori, che il servizio di sicurezza sul marciapiede. Li chiamavo gli "Husky Brothers", i Tarchiati, per la loro stazza da duecentocinquanta libbre.

La prima, e più promettente location per le foto, era un larga scala di legno che dal marciapiede portava ad un primo piano. Non c'erano porte e quindi la scala era aperta al pubblico. Piazzai un potente flash sul primo pianerottolo, gelatinato con un filtro rosso e una macchina del fumo per riempire la scala di fumo, creando, così, un effetto più drammatico a tutta la situazione.

Provammo l'illuminazione usando una luce bianca davanti aiutata da un flash rosso.

L'unità per il flash e la macchina del fumo erano alimentati da un grosso generatore portatile a gasolio che faceva fumo e un dannato rumore fastidioso per i clienti che cercavano di godersi la cena in un ristorante cinese al secondo piano.

Tutte le luci e la macchina del fumo erano state testate ed erano pronte per l'arrivo del gruppo.

I Ramones arrivarono puntuali con il furgone guidato da Monte Alexander Melnick. Tutto quello che dovevo fare era di dire ai Ramones di mettersi in piedi davanti alla scala, accendere il generatore e le luci. Avevo gli Husky Brothers che mi controllavano il traffico sul marciapiede e dovevo solo scattare una Polaroid.

Anche stavolta Johnny incominciò ad ossessionarmi come una zanzara perché la Polaroid ci metteva tanto a svilupparsi. Ma, ormai, ero abituato a questa sua impazienza e stava diventando uno scherzo. Aspettai il minuto per lo

sviluppo, tolsi la pellicola, diedi una veloce occhiata per confermare l'esposizione, il buon funzionamento delle luci e poi passai la Polaroid ai ragazzi del gruppo.

Quando la Polaroid arrivò a Dee Dee disse: -"Bella! E' veramente ottima! Abbiamo finito? Possiamo andare?" -
- "No! Dee Dee, E' solo una Polaroid. Ora devo scattare con una vera pellicola per la Warner Bros."-

Dopo aver bruciato in velocità tre rullini a colori da 2-1/4" nella mia Hasselblad, Johnny proclamò che così poteva bastare.

- "Bene"- risposi, -"Possiamo andare alla prossima location"-
- "No" -, disse Johnny, - "basta così!"-
- "Johnny, ho un altro posto, a due isolati da qui: è un vicolo veramente molto bello." -
- "No, questo è tutto! Questa foto è abbastanza bella!" -
- "Johnny! Warner Bros. Mi stanno pagando troppi soldi per poter ritornare da loro con soli tre rullini da 36 foto! Quelli mi ammazzano!" -
- "Digli di parlare con me."- disse Johnny.

Guardai Monte Alexander Melnick per un aiuto e dissi - "Sono nei guai!"-
- "Non ti preoccupare, digli di parlare con Johnny"-

Quella di quel giorno è stata la paga più alta per minuto che io abbia mai guadagnato per una fotografia. Meno di quindici minuti di tempo per fare una foto. Effettivamente il mio scatto preferito di questo pacchetto di foto è quello che ho usato per la busta interna del disco: le anatre pechinesi appese ai ganci per il becco sulle finestre dei centinaia di ristoranti di quella zona: con il grasso che cola dalle code.

The Swallows of Capistrano

1988: ancora una chiamata dai Ramones. Stavano diventando prevedibili come le rondini che ritornano alla missione cattolica di Capistrano in California. Questa volta si trattava di fare una natura morta per una raccolta di grandi successi intitolata "Ramonesmania".

Questo disco, tra i tanti che ho fatto per il gruppo, è stato l'unico a farmi guadagnare una targa d'oro.

Le foto di natura morta normalmente non sono il mio genere però mi è piaciuto molto lavorare con tutti i memorabilia che i Ramones avevano prodotto e collezionato nel corso della loro carriera.

E' stato molto bello vedere tutta la loro vecchia mercanzia: gli articoli promozionali, i manifesti e i volantini pubblicitari che erano stati usati per i concerti.

Volendo fare una cosa interessante con il titolo mi venne l'idea di dare una falsa prospettiva alla scritta. Stampai le lettere RAMONESMANIA su un foglio che incollai su un cartone.

Appoggiai il cartone sullo schermo di una vecchia reprocamera usata per fare fotocopie di testo per grafic design e tenni alzata la parte della scritta in modo 1da formare un ampio angolo. Il testo riprodotto aveva, così, una prospettiva convergente. Con i programmi di computer grafica di oggi, sarebbe stato molto facile ottenere questo risultato. Allora, bisognava pensare in "un'altra prospettiva".

Scelsi un giallo luminoso come sfondo per distenderci sopra le memorabilia. Ho sempre preferito fare le mie grafiche molto colorate in modo da farle spiccare tra gli altri dischi negli scaffali dei negozi. E' un retaggio di quando, ancora, i 12" venivano esposti con tutta la copertina in vista. Per ovvi motivi, si doveva fare qualcosa che attirasse l'attenzione. Dato che tra i memorabilia ce n'erano diversi colorati di rosa caldo e magenta, decisi di mescolare il blu cyan con il rosa magenta per il titolo "RAMONESMANIA" in modo che le vibrazioni cromatiche tra questi due complementari risultassero attraenti per lo spettatore.

Per la realizzazione di "Ramonesmania" io mi sono occupato solo della foto di copertina, o, forse, è possibile che abbia fatto anche una sessione con i ragazzi per la pubblicità, ma non mi ricordo.

1001 uses for a dead cat

1989. Ancora una telefonata: questa volta per la copertina di "Brain Drain". I Ramones volevano un dipinto macabro che rappresentasse un cimitero o qualcosa tipo un cervello che cola fuori dal cranio. C'era Matt Mahurin, il famoso pittore newyorchese, che fece una delle sue inimitabili oscure e cupe pitture come base per questa copertina. La scritta RAMONES doveva avere gli stessi caratteri tipografici usati altre volte invece per la scritta con i caratteri che colano sangue di "Brain Drain" ho lavorato con il mio assistente grafico Rick Springer.

Per il retro di copertina il gruppo voleva usare un'immagine presa dal video "Lobotomy". Dovetti andare a Manhattan, alla DuMont edizioni e produzioni, per guardarmi l'originale in 35 mm. E' incredibile come fossero fuori fuoco le immagini del film: praticamente il novanta per cento dei fotogrammi del film originale di "lobotomy" erano sfuocati. In più, il caos tutto intorno al gruppo che suonava ha reso veramente difficile la scelta di un fotogramma adatto. Ce n'era uno solo.

Nell'album "Brain Drain" c'era una canzone: "Pet Sematery". Non so se i Ramones avevano scritto la canzone, specificatamente ispirandosi al libro di Stephen King ma le foto che feci per la pubblicità di questo album avevano tutte a che fare con cimiteri o animali morti.

In realtà, poi, venni a sapere che Stephen King è un grandissimo fan dei Ramones. Una volta gli organizzò un concerto per farli suonare nella sua piccola città del Maine. Credo abbia voluto regalare ai suoi compagni del Sud Est qualcosa di cui parlare.

Per le riprese del video promozionale di "Pet Sematery", andai, con Debora Harry e Chris Stein al cimitero di Tarryngton famoso per la leggenda della "valle addormentata" e "del cavaliere senza testa" per fotografare i Ramones intorno ad una fossa tombale appena scavata.

Poi i Ramones vennero nel mio studio dove feci dei ritratti individuali con i colo-ri del fuoco proiettati sulle loro facce. Tutto questo mi ispirò una futura immagine di copertina.

Alla fine fotografai la band in posa con un gatto morto appollaiato sul ramo secco di un albero, affittai un gatto imbalsamato da un tassidermista. Qualche giorno dopo incontrai Johnny a

casa sua. E' stata l'unica volta in cui mi fu consentito di entrare nel suo monolocale. Rimasi basito nello scoprire che Johnny era un grande collezionista di figurine e di palle da baseball autografate. Mi disse che la sua collezione valeva più di un mi-lione di dollari.

    Ci eravamo incontrati per andare al negozio di film memorabilia Jerry Ohlinger, sulla ventitreesima, vicino all'appartamento di Johnny. Volevamo trovare un immagine per la busta interna del 12" LP. Johnny aveva in testa un immagine del film "The man with two brains" (Ho perso la testa per un cervello) con Steve Martin.

    Siamo stati fortunati a trovare una pubblicità con un'immagine tratta dal film dove Steve Martin tiene un vaso di vetro con dentro un cervello umano che galleggia in un liquido trasparente. Non mi sono mai preoccupato di chiedere un permesso per usare quella foto nella nostra promo. Ho ritagliato l'immagine del cervello in modo che non se ne capisse immediatamente l'origine. Mi scuso con il fotografo o la fotografa che ha fatto la foto originale, chiunque egli fosse.

Taking a Trip

1992. Una telefonata dal manager dei Ramones: ancora una copertina. Stavo andando a comperare una casa. A quel tempo mi uscì un'idea fresca (almeno sembrava così durante la telefonata) in realtà, avevo cominciato a sperimentarla e a studiarne gli effetti già nel 1985 fotografando le immagini delle bands riflesse su un foglio di plastica argentata prodotto dalla ditta DuPont: il Milar®.

Il primo LP di Biz Markie e il retro di copertina dei Laughting Sky sono degli esempi, pubblicati da me, dei trip che mi sono fatto con il Mylar®. E non era un caso che il fronte della copertina "Free Inside" dei Laughting Sky mostrasse proprio un grande fungo Psylocibe arancione: ma ne riparleremo dopo.

La prima volta che mi venne in mente di fotografare le immagini riflesse dal Mylar® è stato quando ero a Pensacola in Florida per il servizio militare in marina. La mia ragazza di allora era un po' più vecchia di me ed era ritornata alla sua città natale di Pensacola per rimettersi in sesto dopo aver sperimentato il frenetico e furioso stile di vita di NYC dei primi anni Settanta.

Un giorno, durante la nostra convivenza a Pensacola, mi disse che il suo ex-ragazzo di NY aveva appena fotografato la copertina degli "Spirit", un famoso gruppo psichedelico californiano. Mi ricordo che andai nel nostro negozio di dischi per chiedere del nuovo LP di questo gruppo chiamato "Spirits". Il titolo del disco era "The Twelve Dreams of Dr. Sardonicus". Gli "Spirits" erano stati fotografati in una piccola stanza ricoperta dal pavimento al soffitto con questa lamina di Mylar®. Ira Cohen, l'ex della mia ragazza era il fotografo. La sua foto per quel 12" mi impressionò moltissimo e, anche se in quel momento ero sobrio, andai completamente fuori.

Nella stanza di Mylar® i componenti del gruppo erano vestiti da maghi e stregoni e l'immagine di copertina dava allo spettatore la sensazione di essere in come uno stato di forte allucinazione da LSD.

Quindici anni dopo, nel mio studio di NYC, ho incominciato a fare esperimenti con questo Mylar® per dei gruppi musicali sconosciuti. Quando arrivò il momento dell'incontro con i Ramones per il concept del nuovo album, ancora

senza titolo, andai alla sala prove della SIR di NYC, dove tre dei Ramones si trovavano un paio di volte alla settimana, quando non erano in tournée, per provare le loro musiche senza Joey.

Mi incontrai con Johnny, Markie e CJ. Joey, a quanto pare, raramente andava alle prove pensate più che altro come allenamenti aerobici per il più vecchio Johnny e l'ancora più vecchio Markie. Portai il mio portfolio con le immagini dei gruppi sconosciuti fotografati con gli effetti del Mylar®. Mi resi conto che, in quel momento, era importante che loro pensassero che fosse un'idea nuova e mai utilizzata prima.

Non mi sembrava necessario raccontargli che il Mylar® era stato un "bocconcino" preso dall'album degli Spirit e che avevo usato la stessa tecnica per il primo disco di Biz Markie "Goin' Off". Non avrebbero mai sentito parlare di Biz Marlie comunque. Dissi loro che, in ogni caso, avremmo messo una foto "normale" nel retro di copertina.

Chiesi a Johnny come si sarebbe chia-mato l'album e quando mi disse che stavano pensando di chiamarlo "Mondo Bizzarro" pensai che l'immagine fatta con il Mylar® avrebbe calzato perfettamente con il titolo. Nessuno in quel momento sapeva che l'album dopo si sarebbe chiamato "Acid Eaters". Johnny, Markie e CJ erano d'accordo con il concetto dal sapore psicadelico: non mi restava che chiamare Joey al suo appartamento e provare a vendergli questa idea che era stata apprezzata dagli altri e soprattutto da Jonny.

Dissi a Joey, che ero stato con gli altri che avevano approvato il concept e che volevo andare da lui per mostrargli un esempio dell'effetto che volevo usare.

Joey mi disse: - "George, puoi occuparti della grafica, ma io sto pensando di usare un altro fotografo che fa foto che sembrano liquefatte"-

- "Stai parlando di Ira Cohen?"-

-"Come fai a conoscerlo?" - mi chiese Joey.

- " Ho visto la copertina "The Twelve Dreams of Doctor Sardinicus" e, in passato, ho fatto foto come Ira Cohen per parecchi anni. Ho mostrato i miei falsi Cohen agli altri ragazzi e tutti hanno approvato il concetto."
Joey rispose: -"Se fai delle foto come quelle cose mescolate che fa Ira, penserà che io gli abbia rubato l'idea e te l'abbia passata. Ira è mio amico e si arrabbierà con me"- .

- "Bene, allora proviamo ad organizzare un appuntamento con Ira e vediamo cosa ne esce fuori"-

Ero abbastanza fiducioso che avrei preso quel lavoro, perchè Johnny aveva approvato l'idea: lui voleva me per fotografare la copertina e quello che Johnny vuole, Johnny lo ottiene.

In più, Johnny non vedeva l'ora di infastidire Joey su tutto e di più. Arrivò il grande giorno per incontrare Ira. Ero nervoso ed eccitato all'idea di conoscere uno dei miei idoli e maggiori ascendenti. Avrei solo voluto fosse successo in circostanze diverse.

Andai all'appartamento di Joey sulla nona est e poi fui accompagnato da un suo assistente in un altro appartamento, ne possedeva tre sullo stesso piano dello stesso edificio. Era l'appartamento dove teneva i tutti i suoi vinili e cd. Ce n'erano letteralmente a migliaia che rivestivano ogni parete su mensole fatte su misura. Li, al centro della stanza, seduto nella posizione del loto, su un grande letto matrimoniale, c'era quel vecchio tipo paffuto con una grossa barba grigia e folti capelli altrettanto grigi. Camminai verso di lui e mi presentai.

All'inizio Ira non fu per niente amiche-vole, intravedevo, attraverso la barba, la sua espressione veramente burbera. Allora sfoderai la mia arma segreta: gli dissi che avevamo avuto una ragazza in comune che si chiamava Kenna Jean Morris di Pensacola, Florida.

I suoi occhi luccicarono un pochino. - "Conosci Kenna Jean?"-

"Certo! Ho vissuto con lei un paio di anni all'inizio degli anni Settanta, è lei che mi ha fatto conoscere "Twelve drams of Dr. Sardonicus", la settimana in cui uscì, nel 1971. Hai avuto una grossa influenza per la mia carriera e il mio stile surrealistico di fotografare. Ho lavorato con il Mylar® per molti anni grazie alla tua influenza."-

I suoi occhi luccicarono un po' di più.

- "Posso mostrarti il mio portfolio?"- gli chiesi.

- "Ok" -, disse e, dopo aver guardato le mie vecchie fotografie di copertine di dischi e i miei scatti con il Mylar®, mi disse:- "Hai fatto un bel lavoro, forse è un po' più commerciale del mio... un po' leccato, forse, ma molto carino."

- "Ira," - dissi - "ho fatto molte copertine per i Ramones, sono il lavoro migliore che ho per le mani. Ho incontrato Johnny e gli altri ragazzi e gli ho

mostrato un po' di foto che avevo fatto sperimentando il Mylar®. Loro vogliono che io faccia questa copertina. Ho detto a Joey che avrei dovuto spiegarti che ho copiato per molti anni il tuo stile con il Mylar® ma Joey non ha niente a che fare con questo. Non era a conoscenza del fatto che io sapevo chi fossi tu, né tanto meno che ti stavo copiando da anni. Tu sei stato un fattore importante per lo stile della mia fotografia. Cosa posso fare per farti sentire un po' meno scippato?"-

- "Oh, lo vedo" - disse, - "Potrei venire nel tuo studio, fumarmi una canna e dare così alla sessione fotografica la mia benedizione?"-

Monte Alexander Melnick, il quinto Ramone, babysitter e manager, rivoltò gli occhi e velocemente rispose, :- "No! No! No!!! Niente canne!!!"-

Ira aveva fatto degli ingrandimenti di molte delle sue foto: c'erano Jimy Hendrix, Janis Joplin ed altri eroi ed eroine degli anni Sessanta, tutte fatte nella sua stanza con il Mylar®. La foto di Hendrix in particolare mi aveva impressionato.

- "Ira, ho un idea. Quanto costa la tua foto di Hendrix fatta nella stanza con il Mylar®, quella che ci hai appena mostrato?"-

- "Millecinquecento dollari"-, disse.

- "Ho un idea. Ti compero una stampa di Hendrix. Joey, ne comprerai una anche tu, ok?"-

- "Ok"- Disse Joey.

Non so se Joey abbia veramente comperato una stampa da Ira, ma io sicuramente l'ho fatto e ho custodito il mio Hendrix fotografato da Cohen.

Mi sono avvicinato alle foto con il Mylar® in modo diverso da quello di Ira. Invece di foderare una stanza intera ho costruito un ambiente con dei pannelli da 1/2 pollice di materiale leggero: tre pareti e un soffitto. Dopo di che, ho colorato le tre pareti e il soffitto con della carta colorata. Rossa, in questo caso. Il Mylar® è un riflettente perfetto, come uno specchio, ma bisognava tenere conto che tutto quello che c'era attorno al gruppo sarebbe stato riflesso. Quindi bisognava assicurarsi che il Mylar® non "vedesse" oggetti sgraditi e in questo modo avrebbe riflesso solo la band e gli oggetti all'interno della scatola rossa che avevo costruito.

Chiusi anche il lato aperto di questo cubo di otto piedi con un foglio di Mylar®, lasciandolo, però, non completamente teso. La Band stava dentro alla scatola di fronte al Mylar®. Anch'io ero entrato a mia volta all'interno nascosto dietro al gruppo per fotografare solo il loro riflesso e quello della scatola rossa che avevo costruito.

Appesi una bobina di filo spinato dentro alla scatola, ma non si riesce a vedere bene nella foto che venne scelta. Quello che si può notare è, invece, una delle mie luci riflesse. Nella foto originale si vede la mia macchina fotografica e sembra che Markie abbia tre gambe, una delle quali è la mia.

Ho usato la foto con il filo spinato come fondo per il retro di copertina del LP, all'interno del libretto del cd e stampata sul cd stesso.

La cosa bella del Mylar® è che non sai mai esattamente cosa stai riprendendo. Puoi variare la tensione del Mylar®: tirandolo bene puoi avere uno specchio dalla superficie piatta, oppure, allentandolo, puoi creare onde ed increspature. Comunque, quando lavori con il Mylar®, non sai mai cosa uscirà fuori fino a quando non vedi la foto stampata.

Dopo aver fotografato la band nel Mylar® e sviluppato la pellicola feci alcune stampe a colori delle mie preferite. C'erano delle immagini veramente belle.

Così, presi un appuntamento per mostrare le stampe a Johnny, CJ e Markie, e fu immediatamente chiarissimo a tutti quale fosse la più bella. I membri della band comparivano, forse in modo non troppo lusinghiero, completamente distorti ma io continuavo a ricordargli che sarebbe stato usato anche un ritratto "normale" per il libretto del cd e il retro di copertina del LP con le foto che avevamo fatto in studio quel giorno.

Quindi non mi restava che andare da Joey per convincerlo di quello che gli altri tre avevano deciso. Joey era Joey e, naturalmente, non volle scegliere la stessa foto che aveva scelto Johnny. Non gli piaceva come era venuto nella foto scelta dagli altri. Però, adesso si ritrovava in una condizione di minoranza. Se sperava di coinvolgermi nella negoziazione di una scelta ormai definitiva per la copertina, Joey avrebbe dovuto svegliarsi un po' prima.

Tutti e quattro erano veramente strani e magnificamente distorti: i riflessi sul Mylan® non erano per niente adulatori. Era esattamente l'effetto che avevo cercato.

Eravamo proprio all'inizio dell'era

del computer grafic design e Macintosh si stava occupando in modo specifico di ritocco fotografico.

Dissi a Joey :- "Scegli una tua foto con il Mylar® che ti piace e poi io mi occuperò di fare un "taglia e incolla" su quella approvata dagli altri."-
Sono sicuro che Joey fosse rimasto un po' deluso per come avevo risolto facilmente la questione. Effettivamente, non fu così difficile anche se, da solo, non sapevo come realizzare praticamente questo "taglia e incolla". Ho dovuto trovare il supporto di un altra persona, uno più esperto nell'usare Photoshop: Ron Jaramillo. Nel presentare l'assemblaggio per la copertina che esisteva solo come file digitale e tutto il resto della grafica con le selezioni di colore per la stampa, non ci sarebbero stati problemi.

Non c'erano pellicole per stampare l'immagine finale di copertina. Quando chiesi allo stampatore, in California, di creare una diapositiva di 4x5" dal file, il risultato fu qualcosa di troppo pixelato e inutilizzabile. Per fortuna l'immagine di copertina finale risultò ottima, stampata direttamente dal computer.

Come promesso alla band, il davanti della copertina è un miscuglio di allucinazioni da lsd, mentre sul retro si vede la una foto di gruppo quasi normale. Ringraziamenti speciali vanno a Ira Cohen per la sua guida, ispirazione e per i suoi sforzi pionieristici con il Mylar®.

After The Caterpillar

Il manager dei Ramones sembrava avere una fissazione per i fumetti e per le copertine illustrate e dopo "Mondo Bizarro" non ci furono più copertine fotografate. Fu allora che scattai alcuni dei più potenti ritratti dei Ramones.

Per publicizzare l'uscita del disco seguente, "Acid Eaters", ero stato contattato per fotografare alcune immagini. Dopo aver saputo del titolo del nuovo disco, mi resi conto che la copertina di "Mondo Bizarro" sarebbe stata molto più adatta con un titolo come "Acid Eaters" ma quella era ormai acqua passata.

Forse ero ancora caricato dal lavoro fatto per "Mondo Bizarro", ero nel giusto stato mentale per sviluppare altri concetti sui temi psichedelici. Senza l'ausilio di additivi chimici.
Uno dei miei concept fu di mostrare i Ramones seduti su di un fungo arancione Psylocibe mentre fumano un narghilè fatto come il bruco di "Alice nel paese delle meraviglie". Per realizzarla bisognava costruire un fungo abbastanza grande e solido da poter sostenere il peso di quattro persone.
Cosa mi ero fumato?

Costruii un'intelaiatura di legno, la foderai con la rete per pollai e infine ricoprii il tutto con lana di vetro e resina epossidica. Mentre aspettavo che l'epossidica catalizzasse mi resi conto che questa struttura era troppo fragile per sostenere quattro uomini. Avevo pochi soldi a disposizione e spendere di più di quello che era stato deciso per comprare altra fibra di vetro e resina era fuori discussione.

L'idea sciocca numero due: forse, se avessi ricoperto la fibra di vetro con del gesso di Parigi, la costruzione sarebbe stata abbastanza resistente. Trascinai una tonnellata di gesso di Parigi fino al mio studio e ricoprii la cupola di lana di vetro del fungo con uno strato di gesso di quasi sette centimetri.

Eravamo già al secondo giorno di costruzione e aspettai fino a fine giornata perché il gesso si asciugasse; purtroppo non si asciugò completamente. Dipinsi comunque il fungo con sette litri di pittura arancione internazionale e tornai a casa.

La mattina dopo, terzo giorno di costruzione, rimasi inorridito nello scoprire che la pittura era ancora completamente fresca. Come se avessi dipinto il fungo trenta minuti prima.

Non bisognava farsi prendere dal panico.

Almeno il gesso, la lana di vetro e il debole telaio in legno sembravano poter reggere il gruppo senza far crollare tutto a terra.

Cosa avrei potuto fare con la vernice fresca? Era il giorno della foto. La band sarebbe dovuta arrivare alle due del pomeriggio. Non pensavo che la pittura si sarebbe asciugata per quell'ora. Dipingendo sul gesso ancora bagnato, la pittura aveva impedito al gesso di asciugarsi e l'umidità del gesso non faceva asciugare la pittura. Oy!

Avevo una collezione di tappeti orientali a casa; diedi ad uno dei miei assistenti le chiavi di casa, gli dissi di prendere un taxi, di andare nel mio appartamento nell'east Village per prendere quattro tappeti piccoli e di riportare il suo culo in studio il più velocemente possibile.

- "Rapido!"-

Poi presi del dacron all' interno di alcuni cuscini, lo tagliuzzai e misi dei ciuffi di questa fibra tutto intorno al fungo arancione. Stavo cercando di avvicinarmi sempre di più ad una Psilocybe arancio maculata di bianco.

Inserendo i tappeti per far sedere i Ramones mentre fumavano il narghilè effettivamente si sarebbe migliorato l'intero visual concept ma questa è una storia troppo lunga da raccontare qui.

Un' altra delle immagini che ho progettato nei giorni della psichedelia, ritraeva i Ramones in una scacchiera bianco nera con una falsa prospettiva. Al liceo, la grafica pubblicitaria era una delle mie materie preferite. Un pezzo superstite di quei corsi era proprio il disegno di una scacchiera con una prospettiva distorta.

Per realizzare il tutto i miei assistenti distesero due rotoli di carta bianca da fondale fissandone i bordi al pavimento con il nastro adesivo e poi ci srotolarono sopra altri due rotoli di carta nera. Infine, con un tiralinee da muratore, tracciammo le linee sulla carta, partendo sempre da uno stesso punto. Facemmo la stessa cosa sul lato opposto. Gli assistenti passarono molte ore a tagliare i trapezi che si erano formati dall'incrocio dei due gruppi di linee convergenti, ma, alla fine, produssero una meravigliosa scacchiera distorta.

Salii sopra una scala molto alta per fotografare la band, quasi direttamente da sopra le loro teste.
Potete vedere voi stessi : il risultato della distorsione di fondo è sbalorditiva.

Il giorno seguente, quando vidi la pellicola sviluppata, inorridii. Il fungo sembrava un culo orribile, i ciuffi bianchi sembravano proprio quello che erano...bianchi ciuffi di dacron.

Dovevo fare qualcosa e velocemente. Contattai John Holmstrom, l'editore del giornale High Times e dell' originale Punk magazine. John aveva fatto una o due copertine dei Ramones a fumetti, con il suo grande stile. Chiesi a John se poteva darmi il numero di telefono del fotografo di High Times che avrebbe potuto avere una foto di un vero Psilocybe.

Chiamai in California questo tipo consigliato da John e gli chiesi se avrei potuto usare una delle sue foto di funghi per una foto dei Ramones. Penso che quel fotografo californiano fosse un "deadhead", un fan dei Gratefull Dead, ma gli piacque il mio progetto e fu d'accordo a spedirmi una diapositiva. Scansionai la diapositiva in un formato molto grande e la caricai sul mio Macintosh.

Mi resi conto che la forma del fungo reale era più appuntita del mio fallimento in lana di vetro e gesso. Con la magia di Photoshop, modificai la forma del fungo vero in modo che coincidesse con quella del fungo costruito da me. A questo punto potevo ritagliare i Ramones dalla foto originale e inserirli sull'immagine modificata del vero Psilocybe. La posizione dei corpi pareva abbastanza realistica. Eliminai i pannelli bianchi che erano sullo sfondo della foto originale e inserii nell'altra immagine varie copie di veri funghi tutt'intorno variandone misure, forme e colori. Adesso avevo bisogno di uno sfondo per tutta la fotografia. Ancora una volta mi salvò Photoshop.

Creai un documento vuoto da 16"x16" a 300 dpi, selezionai una delle immagini dei frattali di Mandelbrotal dal plug-in Kai's PowerTool's di Photoshop e incominciai a renderizzare l'immagine del frattale nella mia pagina vuota.

L'indicatore di tempo sul monitor del computer si era fermato: non si mosse per mezz'ora, non si mosse per un'ora. Naturalmente il fatto che stavo usando il più avanzato Macintosh II CI del momento per la grafica con un enorme RAM di 32mb aveva a che fare con quello che stava accadendo. Riaccesi il computer pensando che Photoshop si fosse bloccato. Selezionai di nuovo il frattale e lanciai il render. Non succede-

va nulla. Decisi di andare a casa e aspettare di vedere cosa sarebbe venuto fuori la mattina seguente. Ero consapevole che avrei potuto avere il mio frattale, ma anche no.

Fortunatamente, la mattina dopo il frattale c'era.

Misi insieme tutti gli elementi: il gruppo, il frattale, i funghi e scoprii di aver creato qualcosa che andava oltre i miei sogni più sballati. La foto dei Ramones con i funghi è una delle mie foto preferite di tutta la mia carriera.

Per fornire una diapositiva al pubblicista Ida Langsam ho dovuto stampare il file digitale con una stampante a colori Iris (all'epoca la più avanzata in materia) e quindi rifotografare la stampa Iris su una diapositiva. Funzionò.

Adios Amigos

Uno degli ultimi scatti che feci per i Ramones è stata la foto interna per il cd "Adios Amigos". I Ramones vollero esseri messi davanti ad un plotone di esecuzione messicano.

Nel tentativo di mettere in piedi un set che rappresentasse un muro messicano, costruii un muro intonacato 12'x12'. Comperai poi dei fogli di materiale isolante Styrofoam che intagliai dipingendone i pezzi di marrone per farle sembrare delle travi tagliate a mano che spuntavano dall'intonaco.

Abbiamo cosparso il pavimento di sabbia e affittato al Centre Firearms dei fucili Springfield, una sciabola e delle bandoliere. Un assistente acquistò dei sombreri neri. Avevo messo i Ramones, che rifiutarono le bende sugli occhi, contro il muro. Ira Lippy e altri tenevano i fucili; Monte Alexander Melnick faceva la parte del messicano addormentato contro il muro mentre un altro recitava il ruolo dell'ufficiale che comandava lo squadrone di esecuzione. Ma tutto quello che si poteva vedere nella foto era il braccio dell'ufficiale che faceva scendere la sciabola per dare il comando di sparare. Il punto di vista era quello di uno dei fucilieri. Ho pensato che sarebbe andato tutto bene.

Live and live

La morte di Joey fu molto deprimente. Aveva avuto un cancro alla pelle e ne avevamo parlato proprio in quell'occasione. Pensavo che il cancro di Joey fosse in remissione così, quando ebbe una ricaduta, credevo che sarebbe guarito, purtroppo non andò in questo modo.

Anche la morte di Dee Dee mi addolorò ma non ero così vicino a lui, anzi, ogni volta che incontravo Dee Dee, per anni, dovevo ripresentarmi: non riusciva mai a ricordarsi chi ero e cosa facevo lì. Per me la sua overdose era stata una cosa veramente stupida. Sono totalmente per la libertà di scelta ma non c'è nessuna ragione per farsi sopraffare dalle cose.

I Ramones hanno riempito il più grosso fascicolo del mio archivio. Copertine di dischi, foto pubblicitarie, manifesti, foto dal vivo: ne ho a centinaia. I Ramones erano relativamente facili da gestire. Non avevano un front-man perché, nonostante Joey fosse il cantante, non è riuscito a stare separato dagli altri. Tutto quello che dovevo fare era allinearli spalle contro spalle, ricordare loro di non sorridere, soprattutto ai nuovi membri, e fotografarli. Da parte loro, di me, amavano il fatto che io fossi molto veloce: niente giochetti infiniti con le luci o cose del genere. Prima degli arrivi del gruppo, mi sono sempre preparato per fare almeno tre o quattro set, pur sapendo che loro ne volevano fare uno solo: bang-bang-bang... un po' di pizza mentre i miei assistenti spostano le macchine fotografiche e accendono le luci per il prossimo set, bang-bang-bang... ancora un po' di pizza, faccio un altro veloce scatto e loro sono già fuori. Non ho mai provato a trattenerli per più di due ore.

Quando Richie si unì al gruppo per "Too tough to die", notai che per quel disco aveva scritto uno dei brani più commerciali.

Più tardi, Richie chiese un aumento del suo salario, duecentocinquanta dollari a settimana e volle anche un quarto dei ricavi dati dal merchandising perché sulle magliette c'era anche il suo nome.

Johnny si rifiutò di abbassare il proprio reddito, dato dal lucroso merchandising, e così, Richie se ne andò nel bel mezzo della tournée. Un comportamento di certo poco professionale da parte di entrambi. Ho sempre avuto la

sensazione che Richie suonasse meglio la batteria di quanto Johnny non facesse con la chitarra, senza contare le sue canzoni irresistibili. Ho pensato che i Ramones avrebbero dovuto scacciare Johnny e tenere Richie ma questo era prima che io sapessi chi fosse il vero capo della band.

Un altro incidente dopo la dipartita di Richie.

I Ramones fecero dei provini con altri batteristi. Dovevo fare delle foto per la pubblicità del gruppo con il nuovo batterista. Nel pomeriggio in cui dovevo fotografarli, Clem Burke, il batterista di Blondie, fu il primo a farsi vedere. Rimasi sciocccato nel vederlo con quella maglietta Chanel, con il logo della doppia C.

Chiesi a Clem se sapeva con quale gruppo si stava mettendo.

- "Si, i Ramones"- , mi disse.
- "Non con questa maglietta!"-

Nonostante fosse un grande batterista, Clem non durò a lungo con la band.

Come ho già scritto prima, non ero mai stato un grande fan dei Ramones prima di incominciare a lavorare con loro. Arrivò il momento, in cui il mio coinvolgimento arrivò a tal punto da farmi diventare il "fotografo ufficiale" e il grafico scelto da loro. Divenni amico di Joey. Mi sentivo a mio agio nel lavorare con Johnny durante gli appuntamenti creativi e le sessioni fotografiche. Come ho già detto, una volta andai anche nel suo appartamento per una discussione e vidi la sua collezione, da un milione di dollari, di palle da baseball e di film memorabilia.

Marky era una una persona un po' ri-servata e, da quando era diventato sobrio, emulava professionalmente Johnny. Dee Dee, che fotografai dozzine di volte, non si ricordava neanche il mio nome. Anche quando venne al mio studio per farsi fotografare per la pubblicità di Dee Dee King il rapper, sembrava non ricordarsi di me o in quale modo io centrassi con la famiglia Ramones.

Mi pare che ad Arturo io non sia mai piaciuto troppo anche se è sempre stato cortese con me. A oggi non ha mai pubblicato nessuna mia foto sul suo sito web. Neppure quando è stato il sito ufficiale dei Ramones.

Monte Alexander Melnick, invece, è diventato un mio caro amico e rimane tale ancora oggi: abbiamo navigato insieme nel Long Island.

Monte Alexander Melnick era la mia fonte per sapere che cosa la band pensava del mio lavoro e mi ha dato

molti suggerimenti per comportarmi nel modo giusto quando avevo a che fare con loro. Era anche un grande chiaccherone e mi teneva aggiornato su chi diceva qualcosa a qualcuno, chi doveva salire dietro nel furgone e per quale motivo.

Da quando sono stato coinvolto nella carriera dei Ramones, e poi, considerato un membro della famiglia, non ho effettivamente avuto molte occasioni per vedere la band dal vivo. Nel periodo in cui li frequentavo erano sempre in tournée ma non suonavano molto spesso a Manhattan.

Più di una volta sono stato contattato per fotografarli dal vivo per una possibile futura copertina ma le mie foto dal vivo non sono mai state usate. Suonavano in ambienti enormi, con grandi palcoscenici e, per come si disponevano sulla scena, Johnny sulla destra del palco e Dee Dee o CJ a sinistra, a quindici metri di distanza l'uno dall'altro, non era facile fotografare tutto il gruppo assieme; non riuscivo a prenderli nell'inquadratura tutti e quattro nello stesso momento a meno che non mi mettessi tra il pubblico o alla postazione mixer. Ricordo di aver provato a fare un collage, ma non era abbastanza realistico.

Oltre all'ultimo concerto di New York, mi ricordo anche di un altro spettacolo che fotografai. I Ramones erano stati ingaggiati al "Toad Place" un posto famoso per i concerti in Connecticut. Monte Alexander Melnick e tutti gli altri, eccetto Joey, erano passati a prendermi con il loro furgone al mio appartamento nel East Village. Andammo all'appartamento di Joey qualche isolato più in giù. Monte Alexander Menlick aveva già detto a Joey che saremmo partiti alle quattro del pomeriggio ed erano solo le le tre e mezza. Penso fosse la normale procedura quando si andava a prendere Joey con il furgone. Quando arrivammo da lui, Monte Alexander Melnick entrò per prelevarlo. Aspettammo quindici minuti e oltre.

C'era l'autista che si chiamava Gene Farley "lo sbirro", un poliziotto del N.Y.P.D in pensione. Johnny, a quanto pare, gli si sedeva sempre accanto, così poteva controllare la radio. Finalmente Joey era riuscito ad uscire dal suo appartamento e a sedersi dietro all'autista, vicino a Monte Alexander Melnick. Al terzo posto era posizionato Marky e alla fine, in quarta fila, normalmente riservata a chi stava più in basso nella loro piramide gerarchica, CJ ed io.

Johnny e Joey non parlavano

direttamente l'uno con l'altro, Monte Alexander Melnick faceva da tramite tra i due. Mi avevano detto che Johnny aveva rubato la ragazza a Joey qualche anno prima, ma non credo fosse solo questa la questione.

Arrivammo al Toad's Place e il gruppo andò a fare il "sound check". Io me ne stetti lontano fino al momento del concerto. C'erano delle transenne di ferro ad un metro e mezzo dal palco: era la prima volta che vedevo una cosa del genere in una sala da concerti. Non avevo capito immediatamente a che cosa servissero. Come presi le mie macchine fotografiche andai in quell'avanscena di fronte al palco che era alto solo novanta centimetri. Non appena la band salì sul palco è diventato subito chiaro il perché di quelle barricate. Tutta la folla cominciò a pogare. Avevo già visto pogare ad un concerto dei Ramones ma i pogatori non erano direttamente di fronte al palco ma verso il centro della sala. Al Toad's pogavano fino a sopra le barricate: vari tuffatori venivano continuamente passati davanti per essere bloccati dagli uomini della sicurezza e scortati fino al lato della sala.

Evidentemente Johnny odiava i tuffatori e i roadies avevano il compito di intercettare chiunque raggiungesse il palco facendolo uscire definitivamente dalla sala fino a fine spettacolo.

Ad un certo punto mi ritrovai schiacciato tra due giganti della sicurezza, mi guardai attorno e vidi questi due che stavano spingendo un surfer sulla folla indietro verso il pubblico. Uno dei buttafuori aveva un piede dentro la mia borsa, proprio sopra ai miei obiettivi. Erano delle buone macchine fotografiche Canon!

L'ultima foto che scattai ai Ramones fu al loro ultimo concerto a NYC. Avevano pianificato un disco live e, nonostante io avessi tonnellate di foto dei Ramones dal vivo fatte in vari eventi, la band ne voleva altre. L'ultima esibizione newyorche-se fu all' Hammersmith Ballroom: quando arrivai la sala era gremita.

Mi sistemai come volevo di fronte al palco. Uno della sicurezza vide il mio pass per fotografare e mi disse che potevo stare lì solo per le prime tre canzoni, una regola totalmente idiota. Non era il caso di discuterne con un addetto alla sicurezza così gli chiesi di parlare con il tour manager.

Arrivò Alexander Melnick che mi confermò che, effettivamente, esisteva la regola delle tre canzoni. Gli ricordai che ero George DuBose, il fotografo ufficiale dei Ramones e che non potevo fotografare solo tre canzoni. Monte Alexander Melnick allora disse che ne avremmo dovuto parlare con Johnny. Salimmo ai camerini e quando vidi Johnny gli dissi: - "Johnny, mi stai pagando per fare la copertina del tuo disco, che cos'è questa cazzata delle tre canzoni?"-

- "Oh, si, mi ero dimenticato di te, George, puoi fotografare cinque canzoni." - Forse pensava che lanciandomi un ossicino così, avrebbe funzionato.

- "Johnny, io sono il tuo fotografo, non ti ho mai fatto delle fotografie senza approvazione, potrai vedere tutti gli scatti che ti farò stasera.

E potrai scegliere se li vorrai per il tuo disco live oppure no!"-

- "Ok, ok"- mi rispose, - "ci potrai fotografare fino a quando non mi toglierò la giacca di pelle."-

-"Può andare"- pensai.
Avevo preparato una piccola sorpresa per la band. Dal momento che questo sarebbe stato l'ultimo spettacolo che avrei fotografato, comprai una vecchia Canon AE-1 che aveva l'esposimetro rotto, e ci misi un obiettivo che mi era costato solo 20 dollari.

Dopo che ho scattato foto ai Ramones per circa 20 minuti o giù di lì, Johnny si tolse la giacca di pelle nera. Prima che i tipi della sicurezza venissero da me per mandarmi via, ho recuperato la mia borsa fotografica, e ho tirato fuori la macchina fotografica AE 1 rotta, facendo finta che stavo facendo altre foto e poi ho proceduto a distruggerla. L'ho sbattuta sul palco per diverse volte, sperando che la macchina sarebbe volata in pezzi, ma tutto quello che ci ho guadagnato è che ho avuto una ferita sanguinante nel palmo della mia mano.

Troppa dura da morire, poi ho dato la macchina fotografica ancora funzionante a mio figlio di cinque anni, Gage. Lui non l'ha ancora rotta. Dopo il concerto, ci siamo incontrati in un bar di Times Square, vicino all' Hammersmith e ho parlato con Johnny, ringraziandolo per avermi coinvolto in tutti questi anni e per avermi permesso di fotografare l'ultimo concerto. Johnny mi ha chiesto perché avevo rotto la mia macchina fotografica sul palco, ho risposto: "Beh, se voi ragazzi vi state ritirando, così lo faccio anch'io".

Loro hanno veramente smesso, io no.

Riconoscimenti:

Joey, Dee Dee, Richie, CJ, Markie e Johnny per avermi ritenuto il loro fotografo preferito. Quand'ero nel mezzo di tutto questo non mi sono reso conto di quale grande collaborazione stava nascendo.

Monte Alexander Melnick per avermi aiutato in tutti i momenti difficili a negoziare con quella che era diventata la complicata macchina politica dei Ramones.

Tony Wright che ha scoperto il mio talento di fotografo e che mi ha spinto a cimentarmi anche come direttore arti-stico.

Charlotte Lesher per aver cresciuto due incredibili musicisti, i suoi figli, Jeff e Michel.

Mickey Leigh, per avermi coinvolto in molti dei suoi progetti, tra cui The Rattlers and Stop. Altri ringraziamenti per avermi scelto e aver combattuto con etichette e manager per avermi come grafico nei dischi postumi di Joey,: -"Don't worry about me" e "...ya know?"-

Gary Kurfirst, per nulla. Eccetto per non avere avuto il tempo di cercare le pellicole originali che la sua compagnia ha perso e che, come le mie schifose copertine, hanno fatto del male alle vendite dei dischi.

"Zio" Ira Lippy per la sua buona consulenza e per aver fatto i conti giusti.

Hilly Krystal per aver dato ai Ramones e ad un altro milione di bands i loro 15 secondi di successo.

Louise per averli scritturati.

Arthuro Vega per le magliette regalate.

Kevin Patrick, George Tabb, Daniel Rey

Florian Heyler del museo Ramones di Berlino e tutti gli altri fans, che mantengono vivo il Rock'n'roll DIY.

Con il supporto e aiuto di Maurizio"Nodus" del Fan Club Italiano ufficiale dei Ramones, direttore della fanzine "Rockaway Beach ", grande fan dei Ramones e autore del libro "Nodus e il gruppo dei Ramones".

Infine, ma non meno importante, di tutti , devo dire grazie a Lane Pederson per avermi mostrato da che parte puntare la fotocamera. Sono stato estremamente fortunato a lavorare da un "maestro fotografo " che in realtà ha preso un serio interesse per la mia crescita...
e lo fa ancora oggi . Grazie, Lane.

www.ingramcontent.com/pod-product-compliance
Lightning Source LLC
Chambersburg PA
CBHW061119010526
44112CB00024B/2917